Ouvrage sous la direction de
Sophie Comte-Surcin

Conception graphique et mise en pages
Nelly Charles

Dans la même collection
« Pour comprendre le monde »
Compter le monde, *la naissance des nombres*
Parler le monde, *la naissance d'une langue*
Danser le monde, *naissance d'une chorégraphie*
Découvrir le monde, *les sites français inscrits au patrimoine de l'Unesco*

© Éditions Belize, 2015
www.editions-belize.com
ISBN : 978-2-37204-006-8
N° d'édition : 94
Dépôt légal : mars 2015
Imprimé en Belgique par Proost Industries NV

Ce projet a bénéficié du soutien du Fonds
pour le développement de l'économie du
livre en Haute-Normandie.

Liberté • Égalité • Fraternité
RÉPUBLIQUE FRANÇAISE
MINISTÈRE DE LA
CULTURE ET DE LA
COMMUNICATION

REGION
HAUTE
NORMANDIE

Ecrire le monde

LA NAISSANCE DES ALPHABETS

Nouchka Cauwet

Illustrations
Patricia Reznikov

Editions **Belize**

Le message d'Aliza

Aliza plongeait avec rage sa pagaie dans l'eau bleu-noir, et le kayak filait entre les blocs de glace. À quelques mètres au-dessus d'elle, un peu en arrière, son ami le corbeau suivait, silencieux, retenant ses battements d'ailes. Mieux valait être discret quand la petite fille était en colère. Et aujourd'hui Aliza était furieuse.

Ce matin, très tôt, son père, son grand-père et tous les hommes du village étaient partis en canoë pour chasser et pêcher. Ils n'avaient pas voulu l'emmener, ni elle ni Miali, son frère. Pourtant, ils avaient promis ! Son père disait toujours : « Ma fille avec son kayak est plus habile qu'une otarie dans l'eau ! Un jour, elle viendra chasser avec nous. » Mais ce jour n'était pas encore venu. « Vous êtes trop bavards, toi et ton frère, avait dit grand-père. » Et le père avait ajouté : « Vous faites trop de bruit avec vos pagaies. La glace annoncera notre arrivée à tous les animaux et nous reviendrons bredouille. »

Aliza, la tête enfouie dans une épaisse fourrure, les sourcils couverts de givre, maniait son embarcation avec agilité. Elle contournait en les frôlant d'énormes blocs de glace, glissait dans d'étroits passages sans ralentir son allure jusqu'à l'île.

C'était son refuge, cette île minuscule, perdue au milieu de centaines d'autres. La petite fille l'avait découverte par hasard, elle l'avait choisie parce qu'on ne pouvait la voir depuis le village. Du moins le croyait-elle. Elle y avait installé un abri avec des os et des peaux de phoques. C'est là qu'elle entreposait son harpon et plusieurs objets très utiles : un couteau, des os, de la graisse de phoque, une lampe à huile. C'était aussi un excellent poste d'observation de la banquise.

La petite fille attacha son kayak et se glissa dans la tente. Le corbeau se posa sur le sommet et attendit sans un croassement. Aliza sortit de sa poche un morceau de caribou gelé, en mangea une partie et déposa le reste à l'entrée. Le corbeau comprit que la colère de son amie était tombée, il picora le morceau de viande et entra dans la tente.

Tous deux avaient l'habitude de scruter la banquise qui s'étendait devant eux, à une trentaine de mètres, et l'immense iceberg bleu qui la surplombait. Ils espéraient toujours surprendre un de ces grands lièvres aux longs poils blancs qui parcourent le Groenland.

Soudain, Aliza les aperçut : des dizaines et des dizaines de phoques, formant une masse grise, ondulante, là-bas, au pied de l'iceberg. Ils plongeaient, s'ébattaient, se roulaient sur la banquise.

« Une chasse formidable, murmura la petite fille. Je vais m'approcher, je sais très bien pagayer sans faire de bruit… je me cacherai derrière ce bloc flottant, et quand un phoque sortira de l'eau pour respirer, hop, je le harponnerai… Mais il risque de me faire chavirer, l'animal pèse plus d'une tonne. Il faudrait que Miali m'aide. À nous deux, on arrivera bien à le maintenir et à le tirer jusqu'au village. Vite, il faut que je prévienne mon frère. »

Aliza prit un os de poisson, et, avec son couteau, comme le lui avait appris son grand-père, elle grava un message.

Le corbeau avait compris. Déjà, il lustrait ses ailes, il se préparait pour la course la plus rapide de sa vie. Dès qu'Aliza eut achevé son travail, elle tendit l'os gravé à l'oiseau qui le saisit dans son bec et s'envola à tire-d'aile.

Quelques instants plus tard, il pénétrait dans l'igloo familial et se posait sur l'épaule de Miali. Le garçon prit l'os, l'observa longuement, puis, tout à coup, sortit de l'igloo et se mit à crier : « Aliza est en danger ! Elle est dans son île, encerclée par des hommes qui pointent leur harpon sur elle, il faut aller à son secours. » Aussitôt, les hommes qui étaient rentrés de la chasse sautèrent dans leur canoë et s'élancèrent à grand fracas de rames.

De son poste d'observation, la petite fille vit les phoques s'agiter puis s'enfuir, avant même qu'elle n'entendît le bruit des rames. Elle n'eut pas le temps de se retourner, son père déjà sautait sur l'île et se précipitait pour la serrer dans ses bras :

« Ma fille, ma fille, tu n'as rien ? Ils sont partis ? On les retrouvera, ne t'inquiète pas ! Comment te sens-tu ? Tu n'es pas blessée ? N'aie pas peur, calme-toi, nous sommes là… »

C'est Aliza qui dut calmer son père. Quand il fut rassuré, ils purent enfin s'expliquer. Miali avait pris les deux personnages en kayak pour les agresseurs, alors qu'Aliza avait voulu se représenter avec son frère en train de harponner le phoque. Il avait tout compris de travers !

Tout le monde rit du quiproquo, sauf Aliza. Elle n'avait pas réussi à se faire comprendre, les phoques avaient disparu, la chasse était fichue. Comment faire pour transmettre un message à quelqu'un qui est loin, et être sûr qu'il comprenne ce qu'on veut lui faire savoir ?

Cette question, beaucoup d'hommes se la posèrent dans l'histoire. Ils inventèrent des systèmes d'écriture de plus en plus perfectionnés, pour être compris, mieux que ne le fut Aliza.

L'alphabet
des hommes
du désert
du Sinaï

1500 av. J.-C.

L'alphabet
phénicien

1000 av. J.-C.

L'alphabet
grec

800 av. J.-C.

L'alphabet
étrusque

700 av. J.-C.

L'alphabet
latin
et le nôtre

600 av. J.-C.

Il y a très longtemps, dans le désert
du Sinaï, au temps où le bœuf se disait
aleph, des hommes ont inventé des signes
pour représenter les sons du langage.
Le dessin simplifié de la tête de bœuf
avec ses deux cornes représente le son /a/
que l'on entend au début du mot ***aleph***.
Le dessin s'est transformé pour devenir
le **A** que l'on utilise aujourd'hui. Les deux
cornes sont toujours là. Du **A** des hommes
du désert au **A** latin, que s'est-il passé ?

voyelles
A noir, E blanc, I rouge,
U vert, O bleu : voyelles […]
Arthur Rimbaud

6

a
artiste
abandonner
abeille
abricot
abracadabra
ami
antilope
aquarelle
arabe
arabesque
arbre
azur

A
Armand
Abraham
Alain
Ahmed
Angèle
Ah!
Apollinaire
Arlequin
Astérix
Afrique
Algérie
Andalousie

Lithographie «Alphabet A », de Joan Miró, 1950.

Cette illustration qui met en scène la lettre A
fait partie d'un ensemble de soixante-quatorze
lithographies créées par Miró pour illustrer un recueil de poèmes
de Tristan Tzara, *Parler seul*, édité en 1950. Ce A est-il une lettre-bonhomme
ou une lettre-visage ? Un adulte ou un enfant ? Est-il gai ou triste ?
Miró aimait beaucoup le langage des poètes. Ses tableaux sont souvent des récits
poétiques mêlant des formes simplifiées, des lettres, des mots. En 1967,
le poème de Rimbaud a inspiré au peintre un tableau intitulé *La Chanson des voyelles*.
Sur un fond bleu foncé jaillit une gerbe de formes, rondes ou allongées,
de tailles différentes, aux couleurs vives, accompagnées de points et de lignes.

L'alphabet
des hommes
du désert
du Sinaï

1500 av. J.-C.

L'alphabet
phénicien

1000 av. J.-C.

L'alphabet
grec

800 av. J.-C.

L'alphabet
étrusque

700 av. J.-C.

L'alphabet
latin
et le nôtre

600 av. J.-C.

Maison, dans le désert du Sinaï, se disait *beth*. Le dessin d'une maison très simple avec une seule ouverture représente alors le son /b/. Il se redresse, se tourne et se retourne pour devenir la lettre **B** que l'on connaît.

Où est sa place parmi les vingt-six lettres de notre alphabet ?

Qu'entend-on dans le mot *alphabet* ?

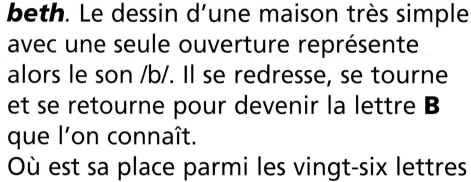

Ma maison en bois bleu.
Un pied sur le chemin
Inquiète, elle voudrait fuir
Si on venait la démolir **?**
Oh, la vieille, attends un peu **!**
Nous partirons demain.

Nicole Peskine

8

La Maison bleue, de Marc Chagall, 1920.

Une maison bleue, tremblante, vient à notre rencontre.

Le peintre a dessiné minutieusement chaque rondin de bois, a soigné chaque détail, mais, tout à coup, une ligne étrange au bord d'une fenêtre, d'une porte, du toit rompt l'équilibre. Chagall nous emmène dans un rêve. Il se souvient avec tendresse de la maison de son enfance. La place qu'elle occupe dans le tableau, cette couleur bleue étonnante font oublier le ghetto dans lequel elle était située, la pauvreté et la dureté de la vie. La ville en pierre de Vitebsk avec ses multiples clochers disparaît dans le fond. Dans un autre tableau peint à la même époque, Chagall exprime la tristesse de la vie dans le ghetto. À ton avis, de quelles couleurs sont la maison et le paysage qui l'entoure ?

Babel Babylone Bach Baudelaire Benoît Bérengère Berlin Bernard Biarritz Bilbao Bretagne Brice Bruxelles Budapest Byzance baleine baobab barbe barbouiller barrière bazar berceuse berger bigarré bise bizarre blablabla bœuf bof braise

9

L'alphabet
des hommes
du désert
du Sinaï

1500 av. J.-C.

L'alphabet
phénicien

1000 av. J.-C.

L'alphabet
grec

800 av. J.-C.

L'alphabet
étrusque

700 av. J.-C.

L'alphabet
latin
et le nôtre

600 av. J.-C.

C

Le chameau, dans le désert du Sinaï, s'appelle **guimel**. Son nom a donné naissance à la lettre **C**, puis, plus tard, à la lettre G. Les premiers scribes ont retenu un détail qui caractérise le chameau pour dessiner la lettre **C**. Lequel ? (La réponse se trouve à la page de la lettre G.) Gravée dans la pierre, la lettre est d'abord pointue. Qui l'arrondit ? Que font les Latins ?

Le dromadaire

Il fait beau voir Jean de Paris
Avec ses douze méharis.
Il fait beau voir Jean de Bordeaux
Avec ses quatorze chameaux.
Mais j'aime mieux Jean de Nadère
Avec ses quatre dromadaires...
Robert Desnos

10

Lettrine extraite du *Livre des sentences,* manuscrit exécuté à Naples, 1480-1481.

Carnac

Cendrillon

Chagall

Charlotte

Chopin

Circé

Clément

Chili

Chine

Corse

cabane

cabossé

cache-cache

caméléon

capucine

carnaval

chut !

comète

corail

Au Moyen Âge, les livres étaient copiés à la main par des moines copistes. La décoration

du manuscrit était confiée à divers artistes. À l'intérieur de la lettre C, l'artiste, Cola Rapicano, un miniaturiste napolitain, a dessiné un véritable tableau. La scène représente un moine en train de copier un livre, face à une fenêtre à colonnades qui s'ouvre sur la campagne. Les couleurs, que les artistes broyaient eux-mêmes, n'ont rien perdu de leur éclat. Très tôt, les hommes ont eu le désir de décorer les manuscrits. Une science de la couleur est née, utilisant les plantes, les fruits, les arbustes, les insectes, les coquillages, les roches…, tout ce que la nature peut offrir pour enrichir la palette des peintres.

C

C

L'alphabet
des hommes
du désert
du Sinaï

1500 av. J.-C.

L'alphabet
phénicien

1000 av. J.-C.

L'alphabet
grec

800 av. J.-C.

L'alphabet
étrusque

700 av. J.-C.

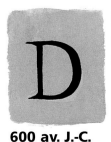

L'alphabet
latin
et le nôtre

600 av. J.-C.

D

La lettre **D** dérive du signe ***daleth*** qui représente une porte. Cette porte a la forme d'un triangle. On peut supposer qu'il s'agit de la porte d'une tente, les hommes du désert étant nomades. Le **D** grec s'appelle delta. Notre langue a emprunté le mot delta pour désigner l'embouchure d'un fleuve divisée en plusieurs bras dessinant un triangle.

Invocation à la pluie

Dad a da da   Ded o ded o
Dad a da da   Ded o ded o
Dad a da da   Ded o ded o
Da kata kai   Da kata kai

Les sons chantés sont accompagnés de boomerangs entrechoqués dans le but d'ouvrir les portes du ciel pour faire tomber la pluie.

Grenoble, lithographie, de Sonia Delaunay, 1976.

Sonia Delaunay a imaginé cette couverture de livre comme une carte d'identité pour présenter son œuvre.

On retrouve les deux éléments qui caractérisent son langage pictural :

des formes géométriques et des couleurs éclatantes. Elle a créé un fond coloré,

sur lequel elle a posé les lettres de son nom. La présence des lettres rythme l'ensemble.

Regardons à nouveau l'histoire de la lettre D. À quel signe le D de Delaunay fait-il

penser ? À la page de la lettre T, on découvre un tableau de Robert Delaunay, son mari.

Quelles couleurs, quelles formes choisir pour réaliser la carte d'identité de ce peintre ?

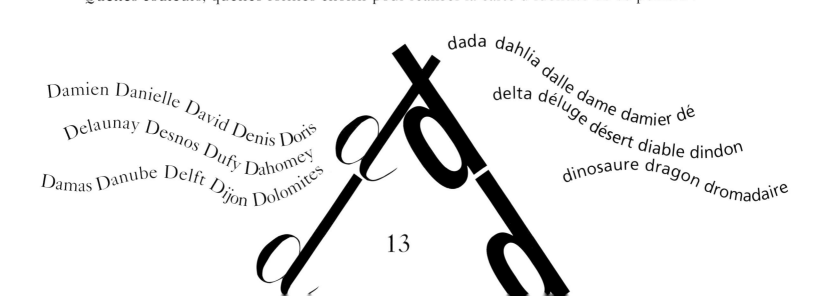

Damien Danielle David Denis Doris
Delaunay Desnos Dufy Dahomey
Damas Danube Delft Dijon Dolomites

dada dahlia dalle dame damier dé
delta déluge désert diable dindon
dinosaure dragon dromadaire

L'alphabet
des hommes
du désert
du Sinaï

1500 av. J.-C.

L'alphabet
phénicien

1000 av. J.-C.

L'alphabet
grec

800 av. J.-C.

L'alphabet
étrusque

700 av. J.-C.

L'alphabet
latin
et le nôtre

600 av. J.-C.

E

Le mot **hé**, dans le désert du Sinaï,
désignait une échelle. Ce mot nous
a donné la lettre **E**. Entre le **E** des scribes
du désert et celui d'aujourd'hui, que
s'est-il passé ? En français, des accents
é, è, ê, ë vont changer la prononciation
de la lettre **e**, tandis qu'en grec et en latin
cette lettre se prononce toujours
de la même façon. On doit l'apparition
de l'accent aigu à un imprimeur,
Robert d'Estienne, en 1530.

E s'éloigne ; R chemine à ses côtés.
Cher et doux ami, où allons-nous ?
Hâtons-nous ! Nous filons chez le roi
Et nous lui demanderons
La lune pour rêver
Les étoiles pour voyager
Et les nuages pour danser.

Nouchka Cauwet

14

L'Art de la conversation, de René Magritte, 1950.

Deux personnages infiniment petits discutent au pied d'un empilement de pierres gigantesques. Leurs paroles, absorbées par les blocs, ne laissent aucune trace. Ces pierres empilées au hasard dessinent les lettres R, E, V, E. Avec ces lettres on peut écrire le mot RÊVE, mais aussi d'autres mots. Lesquels ?

Les pierres écrivent la légèreté d'une note de musique, le temps qui s'écoule, le nom d'un petit animal silencieux qui vit sous la terre.

éclairer éclater éclipse écluse écriture écume

edelweiss éléphant elfe émeraude enchanté esquif étoile

Eiffel Éliane Élisabeth Émilie Éponine Égypte Esquimaux

Esther Esterel Etna Étrusques Europe Everest

15

L'alphabet
des hommes
du désert
du Sinaï

1500 av. J.-C.

L'alphabet
phénicien

1000 av. J.-C.

L'alphabet
grec

800 av. J.-C.

L'alphabet
étrusque

700 av. J.-C.

L'alphabet
latin
et le nôtre

600 av. J.-C.

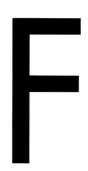

F

À partir du mot **hé**, l'échelle, nous avons vu naître la lettre E.
À partir de ce même mot, les Grecs puis les Étrusques ont inventé une lettre nouvelle, le **F**.
Le **souffle** léger du **F** effleure à peine les lèvres en passant.

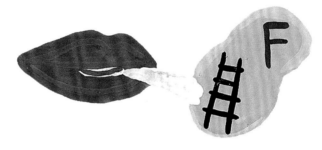

Zone

À la fin tu es las
De ce monde ancien
Bergère ô tour Eiffel
Le troupeau des ponts
Bêle ce matin [...]

Guillaume
Apollinaire

16

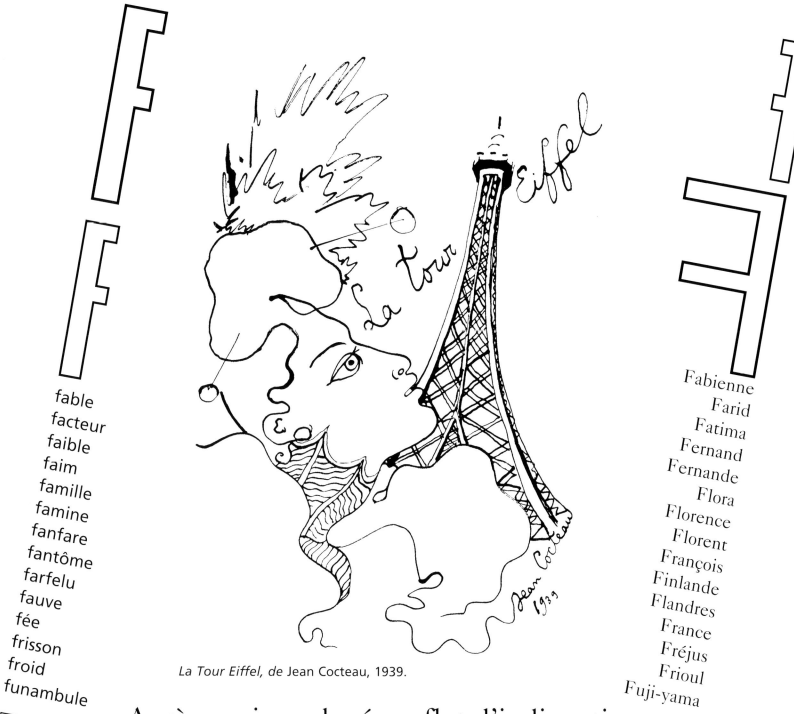

La Tour Eiffel, de Jean Cocteau, 1939.

fable
facteur
faible
faim
famille
famine
fanfare
fantôme
farfelu
fauve
fée
frisson
froid
funambule

Fabienne
Farid
Fatima
Fernand
Fernande
Flora
Florence
Florent
François
Finlande
Flandres
France
Fréjus
Frioul
Fuji-yama

Après avoir soulevé un flot d'indignation
au moment de sa construction,
la tour Eiffel inspira de nombreux artistes,
Raoul Dufy, Robert Delaunay, sans oublier Marc Chagall,
Nicolas de Staël, le Douanier Rousseau et des peintres étrangers comme
Romaine Brooks qui fera poser le jeune Cocteau au côté de l'édifice.
On remarquera ici que la signature et le titre sont placés sur des obliques
qui projettent notre regard vers le ciel avec plus de force que le dessin
lui-même. Dans l'abécédaire, la tour Eiffel apparaît deux fois : à la page T
et à la page de l'alphabet hébreu. Où se trouve-t-elle ?

17

L'alphabet
des hommes
du désert
du Sinaï

1500 av. J.-C.

L'alphabet
phénicien

1000 av. J.-C.

L'alphabet
grec

800 av. J.-C.

L'alphabet
étrusque

700 av. J.-C.

L'alphabet
latin
et le nôtre

600 av. J.-C.

Pour dessiner la lettre C, les premiers scribes ont retenu la forme de la bosse du chameau. Au IIIe siècle av. J.-C., chez les Romains, une nouvelle lettre naît du C, légèrement transformée : c'est la lettre **G**. Elle prend alors la septième place dans l'alphabet.

La faune

[...] « Et toi, sautillant, que manges-tu ?
– Je happe le gazouillant qui gobe le
bigarré qui égorge le galopant.
– Est-il bon, chers mangeurs, est-il
bon, le goût du sang ?
– Doux, doux ! tu ne sauras jamais
comme il est doux, herbivore !

Norge

18

Aimez-vous les uns les autres, de Paul Gauguin, 1894.

Cette gravure de Gauguin représente des animaux
à la fois tendres et inquiétants. Sont-ils bons ? Sont-ils méchants ?

La malice du peintre se glisse entre l'image ambiguë et l'injonction biblique :

« Aimez-vous les uns les autres ». À l'humour du peintre répond celui

du poète Géo Norge, et tous deux traduisent poétiquement l'idée que les animaux

dépendent les uns des autres pour se nourrir.

L'écriture joue un rôle important dans la composition de l'œuvre. Elle resserre

le cadre et donne de la force à l'image qui prend notre regard au piège. La présence

de la phrase « Aimez-vous les uns les autres » dans le dessin rend l'image encore

plus grinçante. À gauche apparaissent des lettres disposées verticalement.

C'est la signature du peintre en forme de monogramme. Quel serait

le monogramme de Marc Chagall ? de René Magritte ?

Gaëlle Gaspard Geneviève Guillaume Gilles Grégoire Guillevic Gauguin Grèce Grenade Groenland galaxie galet galop gazelle géant gigoter girafe globe goéland gris

L'alphabet
des hommes
du désert
du Sinaï

1500 av. J.-C.

L'alphabet
phénicien

1000 av. J.-C.

L'alphabet
grec

800 av. J.-C.

L'alphabet
étrusque

700 av. J.-C.

L'alphabet
latin
et le nôtre

600 av. J.-C.

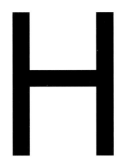

La lettre **H** vient du mot *heth* qui voulait
dire barrière pour les habitants du Sinaï.
Dans l'alphabet phénicien, la lettre **H**
est une consonne. Dans l'alphabet grec,
elle devient une voyelle qui se prononce
/ê/ et s'appelle *êta*. Dans l'alphabet latin,
elle est à nouveau une consonne mais
devient une lettre muette.
Dans l'ancien français, le **H** est aspiré
à l'initiale de mots empruntés aux langues
germaniques comme hardi, hanneton,
héron ou hareng…

Le chant du coucou
et dans la lande rien
qu'une maison à portail.
Bonchô

20

La Barrière fleurie, de Paul Sérusier, 1889.

hache

hâlé

hamster

harmonica

harpe

hélas !

hélicoptère

hermine

hier

hippocampe

hiver

homme

hourra !

hurluberlu

Hélène

Héloïse

Henri

Henriette

Hervé

Hubert

Hugues

Hokusai

Homère

Hugo

Hautes-Alpes

Himalaya

Honfleur

Hongrie

Dans ce tableau, le geste du peintre dessinant la barrière et celui du lointain ancêtre réalisant le pictogramme de la lettre H se ressemblent. Le tableau met en scène deux personnes se rencontrant et conversant de part et d'autre de la barrière. En le comparant aux deux autres tableaux traitant du même thème, présents dans l'abécédaire, *L'Art de la conversation* de René Magritte, (voir la lettre E, p. 14) et *Conversation* d'Henri Matisse (voir la lettre X, p. 52), on s'aperçoit que les personnages n'occupent pas la même place dans l'espace. Leurs positions donnent des impressions différentes. Quelle relation paraît la plus sympathique ?

L'alphabet
des hommes
du désert
du Sinaï

1500 av. J.-C.

L'alphabet
phénicien

1000 av. J.-C.

L'alphabet
grec

800 av. J.-C.

L'alphabet
étrusque

700 av. J.-C.

L'alphabet
latin
et le nôtre

600 av. J.-C.

I

Du mot **yad** qui, il y a plus de 3 000 ans, signifiait main est née la lettre **I**. Au fil du temps elle prend différentes formes. Dans le pictogramme d'origine, on reconnaît le bras et l'avant-bras prolongés par une main stylisée. Les Phéniciens ont ensuite créé un signe qui reprend de façon schématique les éléments bras, avant-bras et celui de la main marquée par deux traits. Un simple trait vertical dessine le iota grec, très proche du **I** latin.

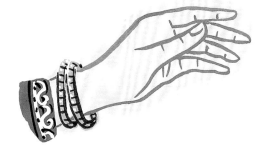

[...] Le soleil est attirant
Car il est beau et lumineux
Icare est un enfant un peu trop curieux
Ses ailes fondent à découvrir le monde
ses ailes fondent et l'enfant s'effondre.

Frédérique-Sophie

22

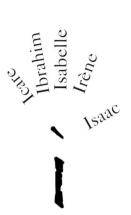

Icare
Ibrahim
Isabelle
Irène
Isaac

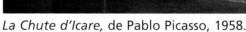

La Chute d'Icare, de Pablo Picasso, 1958.

ibis
indien
innocent
image
igloo

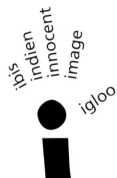

ivoire
insecte
interdit
irréel

isba

Islande
Ithaque
Irlande
Israël
Inuit

iceberg
inondation
inquiet
invité
inouï

Inde
Ismaël
Istanbul
Incas
Ivan

Icare et son père Dédale sont des héros d'un mythe grec. Tous deux, prisonniers dans le labyrinthe du roi Minos de Crète, parviennent à s'échapper grâce aux ailes que Dédale a fabriquées. Malgré les recommandations de son père, Icare, fasciné par le soleil, s'approche trop de lui. La cire utilisée pour coller les ailes fond, les ailes se détachent et le jeune garçon périt en mer. Le mythe d'Icare a inspiré de nombreux artistes (Picasso, mais aussi Matisse, Rodin, Rubens, Bruegel…) Quel moment de l'histoire Picasso a-t-il représenté dans son œuvre ? Icare s'enfonce dans une eau d'un bleu intense. C'est la présence du bleu (couleur froide) qui donne l'impression de profondeur dans le tableau. Avec un peu d'imagination, où voit-on des I dessinés dans ce tableau ?

J

Le mot **yad**, qui signifie main, a donné
naissance à la lettre **I** mais aussi
à la lettre **J**. Le **J** et le **I**, longtemps
confondus, se sont différenciés au XVIIe
siècle, au moment où l'orthographe
de notre langue commençait à se
préciser. Désormais, on n'écrira plus *suiet*
mais *sujet.*

Joie

Comme tendrement rit la terre quand la neige tombe sur elle ! Jour sur jour,
glissante embrassée, elle pleure et rit. Le feu qui la fuyait l'épouse, à peine a
disparu la neige

René Char

24

Le Petit Déjeuner, de Juan Gris, 1915.

Jacques Jean Jérôme Jonas
Jonathan Jupiter Japon
Judith Joséphine Juan
Jérusalem

jade jadis
jaguar jamais
janvier jardin jeudi
jonquille juillet
jungle joli

Dans ce tableau, Juan Gris
expérimente, comme ses amis
peintres Braque et Picasso,
une nouvelle façon de dessiner :
le cubisme. Il divise les objets en morceaux,
découpe l'espace en formes géométriques, change
de points de vue plusieurs fois à l'intérieur d'une même
œuvre. Il utilise des surfaces colorées vertes, bleues, jaunes
qui donnent du rythme à cette nature morte. Parmi
les objets représentés – un moulin à café, une cafetière,
une carafe… – on trouve un mot. Quel est ce mot ?

25

L'alphabet
des hommes
du désert
du Sinaï

1500 av. J.-C.

L'alphabet
phénicien

1000 av. J.-C.

L'alphabet
grec

800 av. J.-C.

L'alphabet
étrusque

700 av. J.-C.

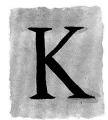

L'alphabet
latin
et le nôtre

600 av. J.-C.

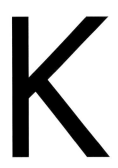

K

Cette lettre est née du mot *kaf* qui désignait pour nos très lointains ancêtres la paume de la main. Dans le dessin le plus ancien, on reconnaît la paume de la main et les cinq doigts.
Entre le **K** des hommes du désert et le **K** latin, que s'est-il passé ?

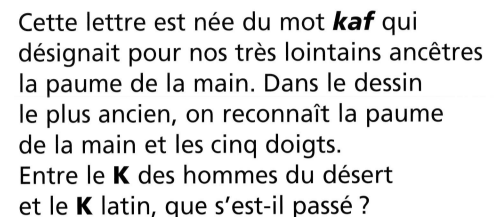

Un homme paisible
Étendant la main hors du lit,
Plume fut étonné de ne pas
rencontrer le mur : « Tiens,
pensa-t-il, les souris l'auront
mangé... » et il se rendormit. [...]

Henri Michaux

26

Enlacement, de Paul Klee, 1939.

Dans l'œuvre du peintre Paul Klee, peinture et écriture sont très liées. Ce tableau comme celui que l'on verra

quelques pages plus loin, *La Villa R*, en sont des exemples. Ici on remarque la signature
en bas, à gauche, ouverte par la lettre K soigneusement calligraphiée sur une ligne tracée
à la règle. Elles nous invitent à suivre le mouvement de la main, d'une lettre à l'autre,
de la gauche vers la droite. Une main invisible nous embarque pour un voyage
dans le tableau. Le tracé simplifié de quelques lignes noires suit le mouvement sans
l'arrêter et fait songer à une écriture très ancienne. La demi-circonférence de la tête
est posée sur le cou. On distingue la partie droite du buste, la partie gauche se réduit au
geste d'un bras appuyé. On devine la paume d'une main à peine ébauchée. Où est-elle ?

Kaki kaléidoscope kangourou karaté kayak
kermesse ketchup kilt kimono
kiosque kiwi koala kopeck korrigan kyrielle

Karim Kim Kafka Kandinski Kipling
Klee Klimt Kupka Kenya Kabylie
Kerguelen Kinshasa Kurde Kurdistan Kyoto

27

L'alphabet
des hommes
du désert
du Sinaï

1500 av. J.-C.

L'alphabet
phénicien
1000 av. J.-C.

L'alphabet
grec
800 av. J.-C.

L'alphabet
étrusque
700 av. J.-C.

L'alphabet
latin
et le nôtre
600 av. J.-C.

L

La lettre **L** vient du mot ***lamed***
qui signifiait, il y a plus de 3 000 ans,
l'aiguillon qui pousse, encourage,
approuve, entraîne, donne des ailes...
Dans la langue des Hébreux, l'aiguillon
qui va permettre à l'homme d'avancer,
de progresser, c'est l'étude. ***Lamed***
signifie apprendre, étudier, enseigner…
Le signe **L** subit peu de transformations
au cours de son histoire.
À quel signe le **L** latin ressemble-t-il ?

Notes prises pour un oiseau

*[...] Le mot oiseau : il contient toutes les
voyelles. Très bien, j'approuve. Mais, à la place
de l'S, comme seule consonne, j'aurais
préféré, l'L de l'aile : OILEAU [...]*

Francis Ponge

28

La Belle Angèle, de Paul Gauguin, 1889.

Le titre, qui est inscrit sur l'œuvre, nous présente
le personnage. « Belle », dit-il. Mais ce ne fut pas l'avis du modèle,
Angèle Satre, la femme du maire de Pont-Aven. En effet, quand Gauguin lui
montra le tableau avec l'intention de le lui donner, Angèle se fâcha et lui dit :
« Quelle horreur ! Vous pouvez le remporter, car je ne voudrais jamais
de ça chez moi ! » Gauguin en fut très triste car il était content de son travail
et trouvait ce portrait très réussi. Qui a raison ? Le peintre ? Le modèle ?

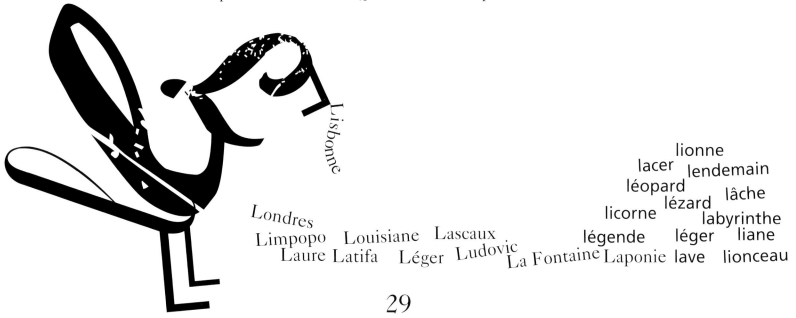

Lisbonne

lionne
lacer lendemain
léopard
lézard lâche
licorne labyrinthe
Londres
Limpopo Louisiane Lascaux légende léger liane
Laure Latifa Léger Ludovic La Fontaine Laponie lave lionceau

29

L'alphabet
des hommes
du désert
du Sinaï

1500 av. J.-C.

L'alphabet
phénicien

1000 av. J.-C.

L'alphabet
grec

800 av. J.-C.

L'alphabet
étrusque

700 av. J.-C.

L'alphabet
latin
et le nôtre

600 av. J.-C.

M

L'eau, dans le désert du Sinaï, se disait
mèm. À l'origine, la lettre **M** représente
le mouvement ondoyant de l'eau qui coule.
Le signe grec ressemble au signe phénicien
mais il a changé de sens. Il est orienté
de la gauche vers la droite. Avec le **M**
étrusque nous nous rapprochons
du **M** latin que nous connaissons.
Du **M** des hommes du désert au **M** latin,
que s'est-il passé ?

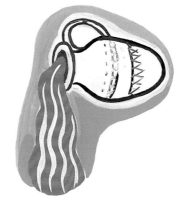

La merveille de la musique

*La merveille de la musique est de n'être que mouvement
C'est comme l'eau que l'on regarde et tout y bouge vaguement
C'est comme l'âme à la dérive où se déforment les nuages
Tout demeure amorce de rêve et déjà c'est autre que mirage [...]
La merveille de la musique est de n'être que mouvement.*

Louis Aragon

Le Mozart bleu (Hommage à Mozart), de Raoul Dufy.

La musique qui s'échappe du piano est bleue.

Elle envahit l'espace qui, peu à peu, disparaît. Seules se détachent sur un fond blanc les lettres qui écrivent le nom d'un musicien, Mozart, et quelques touches de piano.

Si l'on représentait un autre instrument : un basson, une trompette, une flûte, un tambour ou un violon, de quelle couleur serait leur musique ?

Marc Marguerite Michka Mohamed Mouloud Myriam Malevitch Matisse Miró Mozart Maroc Méditerranée Méduse Mexico madame magie magnolia maison maman marelle marionnette marmotte masque mauve merguez merle mésange miauler musique

L'alphabet
des hommes
du désert
du Sinaï

1500 av. J.-C.

L'alphabet
phénicien

L'alphabet
phénicien

1000 av. J.-C.

L'alphabet
grec

800 av. J.-C.

L'alphabet
étrusque

700 av. J.-C.

L'alphabet
latin
et le nôtre

600 av. J.-C.

Le serpent, dans le désert du Sinaï,
se disait **_noun_** et a donné le **N**.
Les Phéniciens l'ont hérissé de pointes,
il fait penser alors à des éclairs
qui zèbrent le ciel… ou à une langue
de vipère qui crache son venin…
Et notre **N**, comment se présente-t-il ?

« Ne m'oublie pas
Chante la sirène
Au poisson
Qui s'ennuie… »
Nouchka Cauwet

NICE soleil Fleurs — Marc Chagall

Nice, de Marc Chagall.

nacre nager nain
naître naufrage
naïf naviguer
neige nénuphar
nez noir noisette
nuage nuit nymphe
Narcisse Natacha
Nazir Nicolas
Nicole Ninon
Noémie Nancy
Nantes Nevers Nice Naples
NewYork Nîmes

Le peintre Marc Chagall a composé
cette affiche pour célébrer la ville de Nice.
Nous avons déjà vu à la lettre B une œuvre de cet artiste,
La Maison bleue, évoquant un lieu de l'enfance du peintre,
une représentation pleine d'une tendre nostalgie. Rien de tel ici.
Avec *Nice*, l'artiste chante une ville qui a accueilli une partie de son œuvre
dans un musée, inauguré en 1973. « Les pieds à Vitebsk, la tête
parmi les étoiles », c'est ainsi que le peintre est présenté par l'un
de ses amis. Ici nous sommes dans le ciel. Nous croisons une sirène offrant
à notre regard un somptueux bouquet de mimosa et d'œillet. Chagall
affectionne les personnages volants. Cette sirène, comme en apesanteur,
se dresse au-dessus de la baie de Nice et s'éloigne du poisson posé sur l'eau.
Les mots inscrits dans le cadre ne semblent-ils pas aussi en état d'apesanteur ?

L'alphabet
des hommes
du désert
du Sinaï

1500 av. J.-C.

L'alphabet
phénicien

1000 av. J.-C.

L'alphabet
grec

800 av. J.-C.

L'alphabet
étrusque

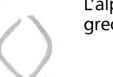

700 av. J.-C.

L'alphabet
latin
et le nôtre

600 av. J.-C.

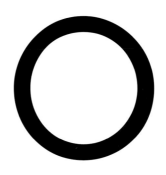

L'œil, dans le désert du Sinaï, se disait
oyin ou **ayin.** Il a donné notre **O.**
La lettre s'est simplifiée dans son
cheminement au fil du temps et
à travers les différentes cultures.
Le signe initial de l'œil s'est arrondi
et la pupille a disparu dans le **O** latin
que nous connaissons.

Oiseaux

O, toujours tout rond, comme l'œil de l'oiseau !
« Roitelet : œil de poupon ! [...]
Bengali : œil d'infante ! [...]
Moineau : œil de Gavroche ! [...]
Goéland : œil de corsaire ! [...]
Coq : œil de toréador ! [...]
Et tant d'autres ! »

Saint-Pol-Roux

34

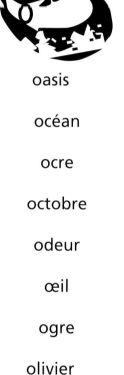

oasis

océan

ocre

octobre

odeur

œil

ogre

olivier

ombre

opéra

orgue

ouistiti

oursin

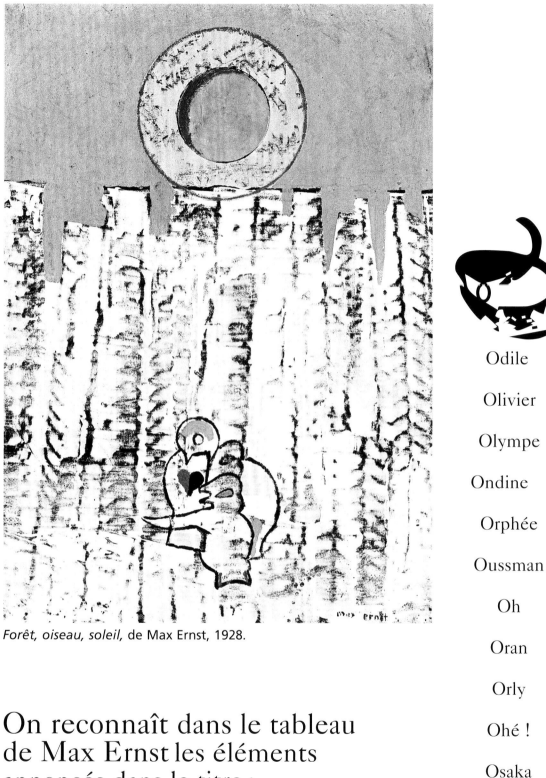

Forêt, oiseau, soleil, de Max Ernst, 1928.

Odile

Olivier

Olympe

Ondine

Orphée

Oussman

Oh

Oran

Orly

Ohé !

Osaka

Oslo

OK

On reconnaît dans le tableau de Max Ernst les éléments annoncés dans le titre : les oiseaux, une forêt de troncs, le soleil. Comment sont-ils situés les uns par rapport aux autres ? Pourquoi ce tableau a-t-il été choisi pour illustrer la lettre O ?

L'alphabet
des hommes
du désert
du Sinaï

1500 av. J.-C.

L'alphabet
phénicien

1000 av. J.-C.

L'alphabet
grec

800 av. J.-C.

L'alphabet
étrusque

700 av. J.-C.

L'alphabet
latin
et le nôtre

600 av. J.-C.

La lettre **P** vient du mot *pé* que
les hommes du désert utilisaient
pour désigner la bouche.
Pour représenter cette nouvelle lettre,
ils ont dessiné la forme de la bouche
qui s'entrouvre quand le **P** explose
sur le bord des lèvres.

Petite pomme
La petite pomme s'ennuie
De n'être pas encore cueillie.
Les autres pommes sont parties,
Petite pomme est sans amie.

Comme il fait froid dans cet automne!
Les jours sont courts! Il va pleuvoir.
Comme on a peur au verger noir
Quand on est seule et qu'on est pomme.

[...]

Norge

36

Ceci n'est pas une pomme,
de René Magritte, 1964.

On voit l'image d'une pomme, réalisée avec de la peinture
sur une toile. Pourquoi reconnaît-on une pomme? Le dessin est précis : il reproduit
la forme du fruit et des feuilles. Le peintre utilise le contraste des couleurs, les effets
de lumière et d'ombre pour donner l'impression de volume du fruit. Mais cette pomme,
peut-on la prendre, la toucher ? Sentir son parfum ? La croquer ? La goûter ? L'image trahit
le réel. C'est un mirage. « Ceci n'est pas une pomme. »

Pamela Patrick Pierre Petit Poucet Petit Prince
panier pantin papa papillon pauvre pélican
peste pipe pirouette plume poule d'eau parler
Pinocchio Panama Paris Pékin Pologne Picasso Prévert

L'alphabet
des hommes
du désert
du Sinaï

1500 av. J.-C.

L'alphabet
phénicien

1000 av. J.-C.

L'alphabet
grec

800 av. J.-C.

L'alphabet
étrusque

700 av. J.-C.

L'alphabet
latin
et le nôtre

600 av. J.-C.

Les hommes du désert du Sinaï appelait le singe **qof**. Le dessin de la tête du singe vue de face représente la lettre **Q**.
Les lettres, à chaque époque, évoqueront la forme ronde de la tête et la hampe du cou. Regarde le **Q** latin. Que reste-t-il de la lettre initiale ?

Enquêtes

Enquête n° 3
La force de qui,
La force de quoi,
Rêvez-vous d'avoir ?
Et c'est pourquoi faire ?

Enquête n° 2
Avez-vous une fleur
que vous préférez ?
La fleur le sait-elle ?
D'après vous, comment
L'aura-t-elle appris ?

Guillevic

Question n° 3 (à la manière du poète)
Si vous étiez dans le tableau
d'Henri Rousseau
Qu'aimeriez-vous être,
un singe, un fruit, une fleur ?
Et que feriez-vous ?

38

Paysage exotique, d'Henri Rousseau, 1910.

Quentin
Quasimodo
Queneau
Québec
Quechua
Queyras
Quiberon
Quimper
Quimperlé
Qumrān

Henri Rousseau s'est mis à peindre tardivement (vers vingt-sept ans).
Il travaillait à l'époque à l'Octroi de Paris, ce qui lui a valu le surnom de « Douanier Rousseau ».
Il n'a jamais véritablement appris la peinture. Cet artiste cherche à reproduire ce qu'il voit avec beaucoup de précision. Il ne se préoccupe pas de perspective. Chaque élément est traité de face et séparément. La cohésion de l'ensemble naît de la hardiesse de son coup de pinceau et du choix des couleurs. Quand il choisit d'évoquer des paysages exotiques, il puise son inspiration dans les jardins botaniques, les parcs zoologiques ou dans les albums qu'il reçoit. Dans le tableau présenté ici, ce sont des singes qui s'ébattent dans une forêt tropicale luxuriante. Les têtes, rondes, plates et de face des singes se rapprochent des dessins pictographiques de la lettre Q.

que
quai
quand
quatuor
quenouille
question
queue
quille
quiproquo
quitter

39

L'alphabet
des hommes
du désert
du Sinaï

1500 av. J.-C.

L'alphabet
phénicien

1000 av. J.-C.

L'alphabet
grec

800 av. J.-C.

L'alphabet
étrusque

700 av. J.-C.

L'alphabet
latin
et le nôtre

600 av. J.-C.

R

La tête se disait *rech* il y a plus de 3 000 ans.
Ce mot a donné la lettre **R**. Le pictogramme
de la lettre **R** a la forme d'une tête vue
de profil, orientée vers la gauche, sens
de l'écriture à cette époque.
Entre le **R** des hommes du désert et le nôtre,
que s'est-il passé ?

Deux ou trois ?
Ils s'en allaient d'un pas léger
Le haut du gratin et le bas du panier
Un bras dessus, Un bras dessous
Et l'autre ailleurs
En chemin ils ont rencontré
Devinez qui ?
Miss R
Toute Majuscule dans ses grands airs
Qui croyez-vous qu'elle embrassa
Le haut ou le bas?
Qui croyez vous qu'elle a aimé ?
Le gratin ou le panier?

Paul Vincensini

40

La Villa R, de Paul Klee, 1919.

On entre dans le tableau avec
la lettre R. Elle s'immobilise au bord
d'une route rouge. La couleur verte
du premier plan et de la lettre rehausse
le rouge et lui donne de l'éclat.

Sans doute le R va-t-il traverser la route
et entrer dans la maison ? La lettre
est devenue un personnage vivant.

La maison se présente comme un puzzle,
c'est un empilement de formes géométriques
colorées. La route disparaît et nous abandonne
dans un troisième plan abstrait, faiblement éclairé
par un astre jaune sans rayonnement.

réverbère rhinocéros rime rire ruisseler
radis ramdam rebondir reflet
rire rive romarin
Raoul Rachel/Rachid Rita
Rabelais Raphaël Renoir Rhodes
Rhône Rocamadour Roumanie

L'alphabet
des hommes
du désert
du Sinaï

1500 av. J.-C.

L'alphabet
phénicien

1000 av. J.-C.

L'alphabet
grec

800 av. J.-C.

L'alphabet
étrusque

700 av. J.-C.

L'alphabet
latin
et le nôtre

600 av. J.-C.

S

Dans le désert du Sinaï, on entend
sonner le **S** au début du mot **sin**,
qui signifiait dent. On retrouve au fil
du temps la forme, arrondie ou pointue,
des dents. Puis elle se simplifie pour
devenir notre lettre **S**.

Académie Médrano
[...]
Regarde :
Les Affiches se fichent de toi te mordent
avec leurs dents en couleur
entre les doigts de pied
[...]

Blaise Cendrars

42

Affiches à Trouville, de Raoul Dufy, 1906.

Le poème *Académie Médrano* nous invite à regarder
le tableau avec une pointe d'ironie. Les passants flânent dans la rue.

Certains regardent les affiches et donnent leur opinion. D'autres passent, indifférents.

Les affiches s'en fichent ! Une manière d'affirmer avec humour le pouvoir des affiches. Dans le

tableau de Raoul Dufy, elles occupent tout un côté de la rue. Pour la première fois, nous sommes

en présence d'une œuvre où le peintre a choisi de représenter des objets portant des inscriptions.

Comment s'y est-il pris pour que les affiches ne soient pas trop présentes et ne nuisent pas

à l'équilibre du tableau ? Il les a placées au second plan et laisse les messages dans un flou

artistique. Il ne garde des inscriptions qu'une forme générale et joue avec les taches de couleur

pour planter le décor. Seule la lettre S qui inaugure la série des affiches réapparaît régulièrement

et entraîne notre œil dans son sillage jusqu'au bout de la rue. Avec une grande économie de

moyens, une touche alerte et vigoureuse, le peintre restitue avec bonheur la vie et le mouvement.

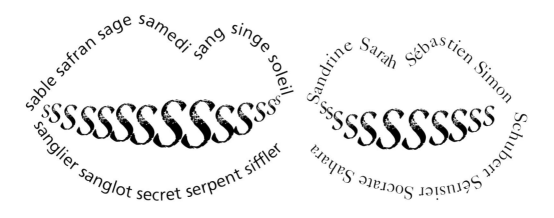

L'alphabet
des hommes
du désert
du Sinaï

1500 av. J.-C.

L'alphabet
phénicien

1000 av. J.-C.

L'alphabet
grec

800 av. J.-C.

L'alphabet
étrusque

700 av. J.-C.

L'alphabet
latin
et le nôtre

600 av. J.-C.

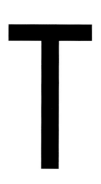

T, c'est la première lettre du mot ***tav***
qui signifie la marque, la trace, le signe,
la signature, les notes de musique…
Autrefois les gens qui ne savaient pas écrire
signaient les papiers officiels en dessinant
une croix qui ressemblait à la lettre **T**
des scribes du désert. À quel moment
de son histoire, la lettre **T** prend-elle la
forme que nous lui connaissons aujourd'hui ?

Fêtes

La valse est jolie,
Les grands élans du cœur aussi.
Rues,
Une rose valsait éperdument
Des rires, des robes, des chapeaux, des roses.
Arrosée,
La plante sera prête pour la fête à souhaiter.

Paul Éluard

44

L'Équipe de Cardiff, de Robert Delaunay, 1912-1913.

Le rythme du poème de Paul Eluard nous emmène

et nous entraîne dans le tourbillon de la valse, de la roue… Le peintre cherche à traduire le même mouvement avec des taches de couleur. Pourquoi avoir choisi ce tableau pour illustrer la lettre T ? Dans le mot ASTRA qui est sous les feux des projecteurs, la lettre T n'occupe-t-elle pas la position centrale ?

Tatiana
Thibault
Thierry
Thomas
Tardieu
Tziganes
Tours
Toulouse
Toison d'or

tableau tabouret tambour tatami tâtonner tempête ténèbres

tournesol trésor

45

L'alphabet
des hommes
du désert
du Sinaï

1500 av. J.-C.

L'alphabet
phénicien

L'alphabet
phénicien

1000 av. J.-C.

L'alphabet
grec

800 av. J.-C.

L'alphabet
étrusque

700 av. J.-C.

L'alphabet
latin
et le nôtre

600 av. J.-C.

U

Il y a très longtemps dans le désert, le mot
vav signifiait crochet. Il a donné naissance
à la lettre **V** mais aussi à la lettre **U**.
Longtemps, les lettres **U** et **V** furent
confondues. À quelle époque la lettre **V**
devint une consonne, la lettre **U** une voyelle ?
Pour le savoir, il faut se reporter à la page
du **V**. On se demanda alors comment
on allait dire le **U**. Allait-il se prononcer /ou/
comme en italien ? C'est /u/ qui l'emporta…

La cruche

Pas d'autre mot qui sonne comme cruche. Grâce à

cet U qui s'ouvre en son milieu, cruche est plus creux

que creux et l'est à sa façon. C'est un creux entouré

d'une terre fragile rugueuse et fêlable à merci […]

Francis Ponge

46

Udnie, Jeune fille américaine, de Francis Picabia, 1913.

Le peintre disait : « Je ne peins pas ce que voient mes yeux. Je peins ce que voit mon esprit, ce que voit mon âme. » Dans ce tableau se mêlent deux souvenirs, deux expériences que vient de faire le peintre : un voyage à New York et la vision d'une danseuse sur le transatlantique. Les deux images imposent des rythmes qui se chevauchent, se heurtent, parfois se brisent. Les couleurs froides creusent, comme le U du poète, des abîmes aux parois fragiles. Le choix d'un titre mystérieux, *Udnie,* inventé par le peintre, contribue à rendre l'ensemble irréel et étrange.

L'alphabet
des hommes
du désert
du Sinaï

1500 av. J.-C.

L'alphabet
phénicien

1000 av. J.-C.

L'alphabet
grec

800 av. J.-C.

L'alphabet
étrusque

700 av. J.-C.

L'alphabet
latin
et le nôtre

600 av. J.-C.

Dans le désert du Sinaï, on entend sonner le **V** au début du mot **vav**. À quoi fait penser le signe grec ?

Au XVIe siècle, un imprimeur français, Geoffroy Tory, propose de remplacer le **U** placé en début de mot – quand celui-ci occupe la place d'une consonne – par la lettre **V**. Les imprimeurs hollandais sont les premiers à adopter cette innovation. Ils sont rejoints petit à petit par les imprimeurs français. À la fin du XVIIe siècle, l'utilisation de la consonne **V** est acquise.

Notes prises pour un oiseau

[...] ou le V du bréchet,
le V des ailes déployées,
le V d'avis : OIVEAU [...]

Francis Ponge

48

Champ de blé aux corbeaux, de Vincent Van Gogh, 1890.

Pourquoi ne pas jouer avec ce tableau de Van Gogh ?

Avec un calque, relevons les différents V qui se dessinent dans le paysage. On en voit dans le mouvement des chemins, dans les champs de blé, dans le vol des oiseaux…

On peut voir d'autres lettres V encore. Où se trouvent-elles ?

vallée vampire vanille vase venin

Valérie Valentin Vanessa Van Gogh

vacances vacarme vagabond vague

Violette

Victoire Victor Vincent Vinciane

verdure vernis verre verte vide

Virginie Viviane Vivien Volga Vulcain

Valence Venise Versailles Vésuve

vigne ville violon virage visage vou loir voyage

L'alphabet
des hommes
du désert
du Sinaï

1500 av. J.-C.

L'alphabet
phénicien

1000 av. J.-C.

L'alphabet
grec

800 av. J.-C.

L'alphabet
étrusque

700 av. J.-C.

L'alphabet
latin
et le nôtre

600 av. J.-C.

W fait le tour du monde et ramène dans ses bagages… des mots **indiens**, *wapiti*, (croupe blanche), *wigwam* (maison), un mot **américain**, *western*, un mot **hindi**, *bungalow*, des mots **anglais**, *week-end*, *clown*, *wagon...* Le **W** ramène une déesse guerrière **scandinave**, une *walkyrie*, une fleur noble (*edel*) et blanche (*weiss*) cueillie au sommet d'une montagne suisse allemande, une *edelweiss*.

L'edelweiss

Là-haut sur le Mont Blanc
L'edelweiss y fleurit,
J'y vois toute la terre
Et la France et Paris
Là-haut sur le Mont Blanc
L'edelweiss y fleurit,
Il fleurit, beau mystère,
Pour la France et Paris.
Robert Desnos

Montagne, de Wassily Kandinsky, 1908.

Une ligne noire qui dessine le W de Wagon nous embarque dans un paysage éblouissant de lumière. Dans ce tableau, il n'y a pas de dessin précis d'objets, de personnages, mais des formes à peine esquissées : la silhouette d'un cheval et de son cavalier à gauche ; deux formes bizarres à droite, sans doute des pierres qui se dressent. Les traces vertes traversent l'espace en diagonale et nous entraînent vers le sommet de la montagne. L'opposition couleurs chaudes (rouge/jaune) couleurs froides (vert/bleu) crée les volumes, et les lignes incisives (le W, les traces vertes…) donnent le mouvement. Kandinsky a décidé, dans sa peinture, de s'éloigner de la réalité depuis qu'un soir où, retournant à son atelier au crépuscule, il vit sur son chevalet un tableau aux formes étonnantes et aux couleurs éclatantes qu'il ne reconnut pas. En s'approchant, il redécouvrit l'un de ses paysages qui avait glissé sur le côté. Il comprit ce jour-là que le dessin d'objets précis gâchait sa peinture. Qu'est-ce que le W peut bien aller chercher au sommet de la montagne ?

wagon wagonnet walkman wallon

Waterloo Watteau

Walter Wilfried

Williams Washington

water-polo watt western

51

L'alphabet des hommes du désert du Sinaï

1500 av. J.-C.

L'alphabet phénicien

1000 av. J.-C.

L'alphabet grec

L'alphabet étrusque

800 av. J.-C.

700 av. J.-C.

L'alphabet latin et le nôtre

600 av. J.-C.

À partir du mot très ancien *samekh* est née la lettre **X**. L'ancêtre du **X** dessiné dans le Sinaï fait penser à un tronc d'arbre avec quelques branches… au squelette d'un poisson… à la charpente d'une maison… À quel moment commence-t-il à ressembler à notre **X** ?

X

Sur la pente des monts les brises apaisées

Inclinent au sommeil les arbres onduleux,

L'oiseau silencieux s'endort dans les rosées,

Et l'étoile a doré l'écume des flots bleus […]

Charles Leconte de Lisle

52

Conversation, d'Henri Matisse, 1909-1912.

Deux personnages, l'un debout, l'autre assis, se font face. Ils sont séparés par une fenêtre qui fait écran entre eux. Ils parlent mais semblent ne pas s'entendre comme si les paroles étaient happées par le vide. La couleur bleue cerne les personnages et les rend irréels. Les arabesques de la balustrade dessinent des lettres X qui tracent une limite entre le dedans et le dehors, entre le public et le privé.

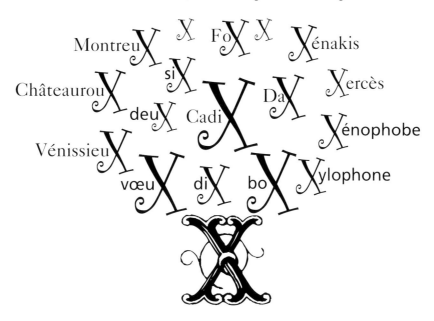

L'alphabet
des hommes
du désert
du Sinaï

1500 av. J.-C.

L'alphabet
phénicien

1000 av. J.-C.

L'alphabet
grec

800 av. J.-C.

L'alphabet
étrusque

700 av. J.-C.

L'alphabet
latin
et le nôtre

600 av. J.-C.

À partir du mot très ancien **yad**, la main, nous avons vu naître deux lettres, **I** et **J**. Les Grecs ont inventé une lettre de plus, le **Y** (le « i grec »). Au Moyen Âge, les livres étaient copiés à la main. Parfois les scribes changeaient certaines lettres au début ou à la fin de mots pour qu'ils soient plus jolis. Ainsi la lettre **I** se trouvant en fin de mot était souvent remplacée par un **Y**.
Au XVIIIᵉ siècle, on a éliminé ce **Y** d'ornement et rétabli le **I** (*roy* est devenu roi).

Heureux qui, comme Ulysse, a fait un beau voyage

[…] Heureux qui, comme Ulysse, a fait un beau voyage

Ou comme celui-là qui conquit la toison,

Et puis est retourné, plein d'usage et raison,

Vivre entre ses parents le reste de son âge ! […]

Joachim du Bellay

54

Peinture sur bois illustrant une scène d'offrandes, Grèce, 520-500 av. J.-C.

Une procession conduit une brebis qui va être

sacrifiée vers l'autel. Un musicien jouant de l'aulos (une sorte de flûte), un autre jouant de la lyre participent à cette cérémonie. Des peintures comme celle-ci, mais aussi des sculptures, des inscriptions sur les vases, révèlent que la musique est pratiquée en de nombreuses occasions et qu'elle fait partie de la vie quotidienne. Où se trouve le Y dans l'inscription qui domine la procession ?

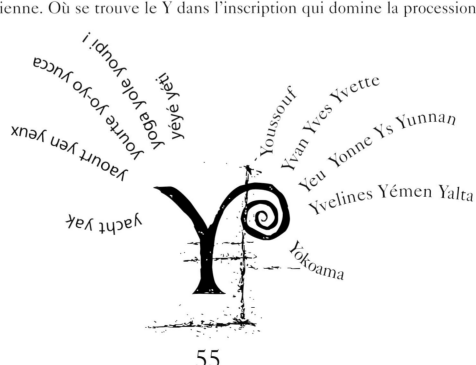

yéyé yéti yahourt yoga yole youpi !
youté yo-yo yucca
yaourt yen yeux
yacht yak
Youssouf
Yvan Yves Yvette
Yeu Yonne Ys Yunnan
Yvelines Yémen Yalta
Yokoama

L'alphabet des hommes du désert du Sinaï

1500 av. J.-C.

L'alphabet phénicien
1000 av. J.-C.

L'alphabet grec
800 av. J.-C.

L'alphabet étrusque
700 av. J.-C.

L'alphabet latin et le nôtre
600 av. J.-C.

Z

La lettre **Z** vient de *zain,* une arme, qui signifie aussi guerre, combat. Le pictogramme d'origine schématise l'image de la lutte entre deux hommes, l'écartement des épaules, des pieds, la verticale des corps, ou bien le face-à-face de deux armées juste avant l'offensive.

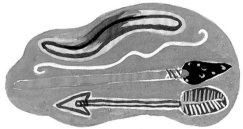

Le zèbre

Le zèbre, cheval des ténèbres,
Lève le pied, ferme les yeux,
Et fait résonner ses vertèbres
En hennissant d'un air joyeux.
Au clair soleil de
barbarie,
Il sort alors de
l'écurie
Et va brouter dans la
prairie
Les herbes de
sorcellerie.

Mais la prison sur son pelage,
A laissé l'ombre du grillage.

Robert Desnos.

Enfants luttant, de Paul Gauguin, 1888.

Z

Zita
Zoé
Zora
Zadig
Zéphyr
Zeus
Zorro
Zambèze
Zélande
Zurich

zapper
zébu
zèle
zéro
zézayer
zibeline
zigzag
zizanie
zone
zoo
zou !
zoum
zozoter
zut !

On a déjà rencontré ce peintre à

deux reprises dans ce livre. Il représente ici un moment de loisirs, un jeu (pousser l'adversaire pour le faire reculer). On remarque l'absence de violence dans les gestes, dans les regards. La scène se passe dehors, dans un pré, à la campagne. Les deux protagonistes sont en short, les pieds nus. On peut en déduire le temps qu'il fait, la saison, le moment de la journée…
Ne retrouve-t-on pas le graphisme de la lettre Z dans l'enlacement des corps ? On peut mimer la scène et s'amuser à reconstituer le Z.

Le voyage des alphabets

Vers 1500 av. J.-C., des ouvriers sémites travaillant dans le Sinaï ont gravé des inscriptions, dont une adressée à la déesse égyptienne Hathor, « Dame de la turquoise ». On a repéré une trentaine de signes qui notent les sons d'une langue. Ces signes sont les traces les plus anciennes d'écriture alphabétique connues à ce jour.

PREMIER VOYAGE

Les écritures alphabétiques, nombreuses aujourd'hui et dispersées à la surface du globe, sont très probablement toutes nées au Proche-Orient. L'histoire de notre alphabet nous conduit des plus anciennes traces de l'alphabet, découvertes dans le désert du Sinaï, à l'alphabet *latin* en passant par le *phénicien*, le *grec* et l'*étrusque*. L'alphabet grec a été repris et modifié pour donner naissance à d'autres alphabets européens actuels (arménien, géorgien, cyrillique…). Deux peuples ont joué un rôle important pour faire connaître l'écriture alphabétique : les Phéniciens et les Grecs. Habiles marins, ils sillonnaient les mers et faisaient du commerce. Ils eurent beaucoup de contacts avec le monde extérieur. Les Grecs inventèrent les voyelles et choisirent d'écrire de gauche à droite, après avoir écrit, comme les Phéniciens, de droite à gauche, puis boustrophédon, c'est-à-dire en avançant alternativement de gauche à droite et dans le sens opposé.

Le point de départ est le même : l'alphabet du Sinaï, de 1500 av. J.-C. Les Araméens, un peuple de caravaniers qui sillonnaient les routes du Proche-Orient, ouvrirent une autre piste en diffusant leur langue et leur écriture. Les Hébreux, au contact des Araméens pendant leur exil en Babylonie, vers 580 av. J.-C, ont adopté les formes plus carrées des lettres de l'araméen. Ainsi naquit l'*hébreu* carré, ou hébreu moderne, par opposition à l'hébreu ancien. Les Nabatéens, un autre peuple de caravaniers, développèrent une écriture cursive qui se distingua de l'araméen par la présence de ligatures. La langue officielle restait l'araméen mais la langue parlée et l'écriture se séparèrent peu à peu de l'araméen pour devenir l'*arabe*.

L'hébreu et l'arabe sont deux langues qui n'utilisent que des consonnes et qui s'écrivent de droite à gauche. En arabe, la forme des lettres change selon la place qu'elles occupent dans le mot.

Araméens, Nabatéens et Hébreux ont vécu sur la même terre à la même époque. Ils ont échangé des marchandises et aussi des paroles. Cela explique que l'on puisse entendre aujourd'hui encore certains mots prononcés de la même façon en arabe et en hébreu. Seule l'écriture diffère.

Les écritures indiennes se sont, elles aussi, inspirées de l'araméen, arrivé aux portes de l'Inde après la conquête de la Perse par Darius.

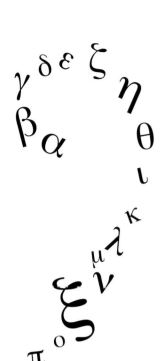

L'alphabet GREC

Les Hellènes, arrivés en Grèce à partir du début du Iᵉʳ millénaire av. J.-C., adoptèrent, après quelques hésitations, l'alphabet phénicien vers 800 av. J.-C. La légende raconte que cet alphabet aurait été inventé grâce à Cadmos, héros grec d'origine phénicienne. Parti de Tyr à la recherche de sa sœur Europe enlevée par Zeus, il affronta et tua le dragon qui avait dévoré ses hommes. Il fonda la ville de Thèbes et apprit aux habitants grecs à écrire avec les lettres phéniciennes, inconnues auparavant dans ce pays.

Comme il disait, le Messager aux rayons clairs se hâta d'obéir ... et plongeant sur l'azur à travers la Périe, il tomba sur la mer puis courut sur les flots pareil au goéland...

Extrait de l'Odyssée d'Homère

Quadrige d'Hélios, plat circulaire en terre cuite du IVᵉ siècle av. J.C.

Dans la Grèce antique, Hélios, le dieu du soleil, fils d'un Titan, est le frère d'Eos, l'Aurore, et de Séléné, la Lune. De Perséis, il eut plusieurs enfants dont la magicienne Circé. Monté sur son char d'or, la tête couronnée de rayons lumineux, il accomplissait chaque jour une course à travers les cieux. Le soir, il se reposait à l'ouest, dans l'île des Bienheureux.

jeu

En grec, le mot soleil se prononce « *élios* ».
Où se trouvent dans l'alphabet grec les lettres qui le composent ?

ΗΛΙΟΣ ηλιοσ

60

L'alphabet CYRILLIQUE

Au IXᵉ siècle apparaît l'alphabet cyrillique, du nom de saint Cyrille, qui, d'après la tradition, aurait développé l'alphabet slave.

Cet alphabet compte 32 lettres, 20 consonnes, 10 voyelles et 2 signes (un signe dur et un signe mou). Plusieurs lettres ressemblent à des lettres grecques, dont elles sont issues. D'autres ont été créées pour les sons qui n'existaient pas en grec.

Un Anglais à Moscou, de Casimir Malévitch, 1913-1914.

jeu

soleil Со́лнц

Je cherche le mot « soleil » en russe dans la chanson.

Со́лнце на па́рте,   со́лнце на ка́рте,
Со́лнце на **Ка́те,** на Ка́тином пла́тье,
На **То́не,** на **Та́не,**
На ба́нке с цвета́ми,
На **Ва́ле,** на **Га́ле,**
На кла́ссном   журна́ле.

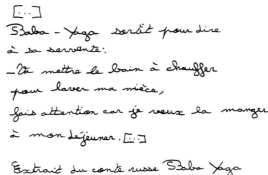

[..]
Baba - Yaga sortit pour dire à sa servante:
— Va mettre le bain à chauffer pour laver ma nièce, fais attention car je veux la manger à mon déjeuner. [..]

Extrait du conte russe Baba Yaga

On découvre ici une œuvre russe, réalisée par le peintre Casimir Malévitch, à la manière de Juan Gris et de ses amis peintres cubistes.

Dans ce bazar imaginé par l'artiste, on reconnaît un poisson, un homme en haut-de-forme, un sabre, une échelle, une paire de ciseaux et, parmi ces objets, des lettres devenues des natures mortes.

À quel alphabet appartiennent les lettres du tableau ?

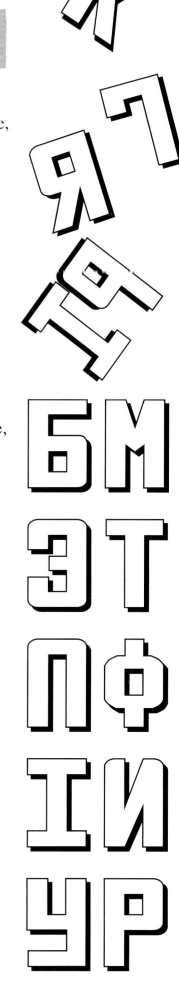

L'alphabet HEBREU

Après leur exil en Babylonie, vers 580 av. J.-C., les Hébreux connurent à nouveau une période de malheurs avec l'arrivée des légions romaines de Titus au Moyen-Orient. Ils furent chassés et dispersés. À partir du troisième siècle de notre ère, l'hébreu n'est plus parlé. Cette langue aurait disparu si, à travers la Bible et l'étude biblique, elle n'avait pas survécu dans sa forme écrite. Il faudra attendre la fin du XIXᵉ siècle pour que, grâce à Ben Yehuda, l'hébreu redevienne une langue vivante.

L'Autoportrait aux sept doigts,
de Marc Chagall, 1912.

jeu

soleil שמש

Le mot soleil en hébreu se prononce « *chemech* ». Chaque lettre est une consonne et note un son. Lequel ?

« Vois ; le soleil a déployé ses ailes sur la terre
pour dissiper les ténèbres.
Comme un arbre de haute futaie,
les racines au ciel.
et les branches descendant vers la terre »

Judah Al-Harizi

Sur ce tableau, le peintre Chagall se représente lui-même en train de travailler. Il dessine son visage à la manière des cubistes. En regardant par la fenêtre, on devine dans quelle ville il est installé quand il réalise cette œuvre. La main gauche représentée avec sept doigts illustre une expression yiddish signifiant « à toute vitesse ». Deux inscriptions figurent en haut du tableau. Le peintre a choisi l'hébreu, la langue de la tradition juive, pour réunir dans une même œuvre le pays de son enfance, la Russie, et la ville où il a décidé de vivre, Paris.

PARIS פאריס

RUSSIE דוסיה

62

L'alphabet **ARABE**

L'écriture arabe se développe avec l'apparition de l'islam (vers la fin du VIᵉ siècle et le début du VIIᵉ siècle). Les copies de plus en plus somptueuses du texte du Coran sont nombreuses.

Les lettres arabes sont décoratives. Elles ornent des édifices religieux mais aussi des faïences, des céramiques, des tissus. Elles donnent naissance à un art, la calligraphie.

شمس

En arabe, le mot soleil se prononce « *chams* »

jeu

Devine où se cache le mot *soleil* en arabe.

منار

سحاب

شمس

شباب

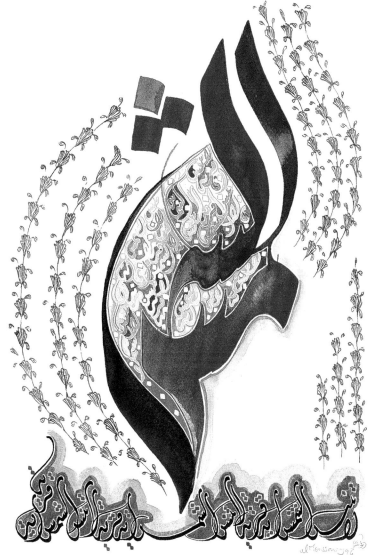

Le soleil brille sur tout le monde, calligraphie de Salah Moussawy, 1999.

[...] *Chaque jour, le soleil laisse des lettres au bord de ma fenêtre.*
La nuit seule sait les lire. [...]

Adonis

ظ ث ط ن س ع ز

ش ث ص

ش ض ت ب

ز ا س

ش ث ح

ذ د خ

ك ق م

ن ث و ي ب

ظ ط ض ص ث ط

63

avec un couteau
de jade

ou un stylet
de bronze

avec un pinceau

sur du papier

ou de la soie

Les caractères CHINOIS

L'écriture chinoise naquit au XIVe siècle avant J.-C. Les plus anciennes traces d'écriture ont été découvertes sur des os d'omoplates de buffles ou sur des carapaces de tortues gravées à la pointe. Cette écriture se compose de dessins appelés « caractères ». Chaque caractère représente un mot et correspond à une syllabe. Aujourd'hui, l'écriture chinoise comporte 49 905 caractères dont 3 000 d'usage courant. Les caractères chinois servent également à noter le japonais et le coréen.

La Montagne, de Dehong, 1989.

Le peintre s'est inspiré du caractère « montagne » et de son histoire. Quels éléments de cette histoire retrouve-t-on dans ce tableau ?

jeu

En réunissant plusieurs caractères, les Chinois forment d'autres caractères qui ont un sens nouveau.

山 *montagne*

火 *feu*

火山

Que signifie ce nouveau caractère ? le vent ? le volcan ? le torrent ?

Oisif je me promène sur le Pic fleuri
soleil serein, jour rayonnant
je regarde alentour, le ciel dégagé
quelques nuages blancs et une grue ensemble volent

Han Shan

64

Angèle, Chléa, Clara M., Joséphine, Clara A., Héloïse H., Pauline L., Salomé, Elliot, Raphaël H., Yul, Marta, Jules, Agathe, Camille, Héloïse A., Victor, Chloé, Théo, Jean, Isaac, Pauline A., Raphaël de C., Joseph, Héloïse D., Sidonie, Ariane, Valentin A., Pierre, Cameron, Valentin D., Marguerite. erci

Un grand merci aux enfants qui ont participé à ce livre en prêtant leur écriture aux poètes.
À travers eux sont remerciés tous les enfants du monde qui m'ont donné envie de faire ce livre.

Nouchka Cauwet

À Ouardia Ousedik, Abdallah Akar et Delphine Cohen.

L'éditeur

Poèmes

6 Arthur Rimbaud, « Voyelles » in *Œuvres complètes*, La Pochothèque © LE LIVRE DE POCHE, LGF. • **8 Nicole Peskine**, inédit. • **10 Robert Desnos**, « Le Dromadaire » in *Chantefables et Chantefleurs* © ÉDITIONS GRÜND. • **12 Roger Callois**, « Invocation à la pluie » in « Le Livre sacré-1. Chants magiques » in *Trésor de la poésie universelle* © ÉDITIONS GALLIMARD. • **14 Nouchka Cauwet**, inédit. • **16 Guillaume Apollinaire**, « Zone » in *Alcools* © ÉDITIONS GALLIMARD. • **18 Norge**, « La Faune » in *Famine* © ÉDITIONS SEGHERS. • **20 Bonchô**, haïkaï traduit du japonais par René Sieffert © POF, FRANCE. • **22 Frédérique-Sophie**, D.R. • **24 René Char**, « Joie » in *Le nu perdu* © ÉDITIONS GALLIMARD. • **26 Henri Michaux**, « Un homme paisible » in *Plume* © ÉDITIONS GALLIMARD. • **28, 46 et 48 Francis Ponge**, « Notes prises pour un oiseau » in *La Rage de l'expression* © ÉDITIONS GALLIMARD. • **30 Louis Aragon**, « La merveille de la musique » in *Ech-Chitrandj IV* in *Le Fou d'Elsa* © ÉDITIONS GALLIMARD. • **32 Nouchka Cauwet**, inédit. • **34 Saint-Pol-Roux**, extraits d'« Oiseaux » in *Les Reposoirs de la Procession*, tome 2 © ROUGERIE ÉDITEUR. • **36 Norge**, « Petite Pomme » © EDITIONS SEGHERS. • **38 Guillevic**, « Enquête n° 2 » et « Enquête n° 3 » in *Avec*, © ÉDITIONS GALLIMARD. • **40 Paul Vincensini**, in *Éveil à la poésie* © ARMAND COLIN ET ÉDITIONS SAINT-GERMAIN-DES-PRÉS, D.R. • **42 Blaise Cendrars**, « Académie Médrano » in *Sonnets dénaturés* © 1961, MIRIAM CENDRARS et © 1947, 1963, 2001, 2005, ÉDITIONS DENOËL. • **44 Paul Eluard**, « Fêtes » in *Les Nécessités de la vie*, recueilli dans *Œuvres complètes* © ÉDITIONS GALLIMARD. • **50 Robert Desnos**, « L'Edelweiss » in *Chantefables et Chantefleurs* © ÉDITIONS GRÜND. • **52 Charles Leconte de Lisle**, « Nox » © EDITIONS SEGHERS. • **54 Joachim du Bellay**, « Heureux qui comme Ulysse… » in *Les Regrets* © ÉDITIONS GALLIMARD. • **56 Robert Desnos**, « Le Zèbre » in *Chantefables et Chantefleurs* © ÉDITIONS GRÜND. • **60 Homère, L'Odyssée**, extrait cité dans *Le Sillage d'Ulysse*, trad. de Bérard © LIBRAIRIE ARMAND COLIN, 1973. • **61 Baba Yaga**, conte russe, extrait. • **62 Judah al-Hazizi**, in *Poésie hébraïque du IVᵉ au XVIIIᵉ siècle*, trad. de Frans de Haes © ÉDITIONS GALLIMARD. • **63 Adonis**, « Pollens » in *Mémoire du vent*, trad. de Claude Esteban © ÉDITIONS GALLIMARD • **64 Han Shan**, in *Merveilleux le chemin de Han Shan*, trad. de Chang Wing Fun et Hervé Collet © ÉDITIONS MOUNDARREN.

Illustrations

7 Joan Miró (1893-1983), Lithographie « Alphabet A ». Illustration pour *Parler seul* de Tristan Tzara, 1948-1950, Bibliothèque littéraire Jacques Doucet, Paris. © SUCCESSIÓ MIRÓ – ADAGP, PARIS 2005. • **9 Marc Chagall (1887-1985)**, *La Maison bleue*, 1920. Huile sur toile, musée d'Art moderne et d'Art contemporain, Liège, Belgique. Photo Bridgeman Giraudon. © ADAGP, PARIS 2005. • **11 Lettrine C**, extraite du *Livre des sentences*, Naples 1480-1481, scribe Hippolito Lunence, miniaturiste Cola Rapicano, Bibliothèque nationale de France. • **13 Sonia Delaunay, Grenoble**, 1976. Lithographie, musée national d'Art moderne, Centre Georges Pompidou, Paris. Photo CNAC/MNAM dist. RMN. / © Philippe Migeat. © L&M SERVICES B.V. AMSTERDAM 20050517. • **15 René Magritte (1898-1967)**, *L'Art de la conversation*, 1950. Huile sur toile, collection privée, Bruxelles, Belgique. Photo Bridgeman Giraudon. © ADAGP, PARIS 2005. • **17 Jean Cocteau (1889-1963)**, *La Tour Eiffel*, 1939. Dessin, collection Romi. D.R. © ADAGP, PARIS 2005. • **19 Paul Gauguin (1848-1903)**, *Aimez-vous les uns les autres*, 1894. Monotype, musée de Pont-Aven (29). Photo musée de Pont-Aven. • **21 Paul Sérusier (1863-1927)**, *La Barrière fleurie, Le Pouldu*, 1889. Huile sur toile, musée d'Orsay, Paris. Photo RMN - © Hervé Lewandowski. • **23 Pablo Picasso (1881-1973)**, *La Chute d'Icare*, 1958. Mosaïque de panneaux en bois, palais de l'Unesco, Paris. Photo Unesco / J.-C. Bernath. © SUCCESSION PICASSO 2005. • **25 Juan Gris (1887-1927)**, *Le Petit Déjeuner*, 1915. Huile et fusain sur toile, musée national d'Art moderne, Centre Georges Pompidou, Paris. Photo RMN / © Philippe Migeat. • **27 Paul Klee (1879-1940)**, *Enlacement*, 1939. Aquarelle et huile sur toile. Collection Dr Sprengel, Hanovre, Allemagne. D.R. © ADAGP, PARIS 2005. • **29 Paul Gauguin (1848-1903)**, *La Belle Angèle*, 1889. Huile sur toile, musée d'Orsay, Paris. Photo RMN - © Hervé Lewandowski. • **31 Raoul Dufy (1877-1953)**, *Le Mozart bleu (Hommage à Mozart)*. Huile sur toile, collection privée, New York. D.R. © ADAGP, PARIS 2005. • **33 Marc Chagall (1887-1985)**, Affiche « Nice, soleil, fleurs ». D.R. © ADAGP, PARIS 2005. • **35 Max Ernst (1891-1976)**, *Forêt, oiseau, soleil*, 1928. Collection privée, Paris. D.R. © ADAGP, PARIS 2005. • **37 René Magritte (1898-1967)**, *Ceci n'est pas une pomme*, 1964. Huile sur toile, collection privée. © PHOTOTHÈQUE R. MAGRITTE – ADAGP PARIS 2005. • **39 Henri Rousseau, dit « Le Douanier » (1844-1910)**, *Paysage exotique*, 1910. Huile sur toile, collection Norton Simon, Pasadena, Ca, États-Unis. Photo Bridgeman Giraudon. • **41 Paul Klee (1879-1940)**, *Villa R*, 1919. Huile sur toile, Offentlich Kunstsammlung, Bâle, Suisse. Photo Bridgeman Giraudon. © ADAGP PARIS 2005. • **43 Raoul Dufy (1877-1953)**, *Affiches à Trouville*, 1906. Huile sur toile, musée national d'Art moderne, Centre Georges Pompidou, Paris. Photo Peter Willi / Bridgeman Giraudon. © ADAGP, PARIS 2005. • **45 Robert Delaunay (1885-1941)**, *L'Équipe de Cardiff*, 1912-1913. Huile sur toile, musée d'Art moderne de la Ville de Paris. Photo Photothèque des musées de la Ville de Paris, cliché Joffre. © L&M SERVICES B.V. AMSTERDAM 20050517. • **47 Francis Picabia (1879-1953)**, *Udnie, Jeune fille américaine*, 1913. Huile sur toile, musée national d'Art moderne, Centre Georges Pompidou. Photo CNAC/MNAM Dist. RMN / © Philippe Migeat. © ADAGP, PARIS 2005. • **49 Vincent Van Gogh (1853-1890)**, *Champ de blé aux corbeaux*, 1890. Huile sur toile, Rijksmuseum, Amsterdam, Pays-Bas. Photo Bridgeman Giraudon. • **51 Wassily Kandinsky (1866-1944)**, *Montagne*. Huile sur toile, Galerie Lenbachaus, Munich, Allemagne. Photo AKG Images. © ADAGP, PARIS 2005. • **53 Henri Matisse (1869-1954)**, *Conversation*, 1909-1912. Huile sur toile, musée de l'Ermitage, Saint-Pétersbourg, Russie. Photo Bridgeman Giraudon. © SUCCESSION H. MATISSE. • **55 Peinture sur bois de Pitsa**, 520-500 av. J.-C., province de Corinthe, Grèce. Musée national d'Athènes, Grèce. Photo G. Dagli Orti, Paris. • **57 Paul Gauguin (1848-1903)**, *Enfants luttant*, 1888. Huile sur toile, collection privée • **60 Quadrige d'Hélios**, plat circulaire apulien en terre cuite colorée, fin du IVᵉ siècle av. J.-C. Musée du Louvre, Paris. Photo RMN - © Hervé Lewandowski. • **61 Casimir Malévitch**, *Un Anglais à Moscou*, 1913-1914. Huile sur toile, Stedelijk Museum, Amsterdam, Pays-Bas. Photo Bridgeman Giraudon. • **62 Marc Chagall (1887-1985)**, *Autoportrait aux sept doigts*, 1912. Huile sur toile, Stedelijk Museum, Amsterdam, Pays-Bas. © ADAGP, BANQUE D'IMAGES, PARIS, 2005. • **63 Salah Moussawy**, « Le soleil brille sur tout le monde », calligraphie in *La Calligraphie arabe*, Éditions Bachari, Paris, 1999. • **64 Dehong Chen**, *La Montagne*, 1989. Encre de chine, aquarelle sur papier de riz. © Dehong Chen, Paris.